Lernfuchs

LEICHTER LERNEN BESSER MERKEN

Ab 10 Jahren

Compact Verlag

Bisher sind in dieser Reihe erschienen:
- Gedächtnis schulen ab 10 Jahren
- Konzentration üben ab 10 Jahren
- Prüfungen bestehen ab 10 Jahren
- Leichter lernen - besser merken ab 10 Jahren
- Englisch: Übersetzung 1. Lernjahr
- Englisch: Diktat 1. Lernjahr
- Englisch: Grammatik 1./2. Lernjahr
- Deutsch: Aufsatztraining 5./6. Lernjahr
- Deutsch: Rechtschreibung 5. Lernjahr
- Deutsch: Grammatik 5. Lernjahr
- Mathematik: Textaufgaben 5. Lernjahr
- Mathematik: Grundrechenarten 5. Lernjahr
- Mathematik: Bruchrechnen 6. Lernjahr
- Latein: Grammatik 1. Lernjahr
- Französisch: Grammatik 1. Lernjahr

Text: Andrea Solms
Chefredaktion: Dr. Angela Sendlinger
Redaktion: Felicitas Zahner
Produktion: Wolfram Friedrich
Illustrationen Lernfuchs: Franz Gerg
Illustrationen: Doris Oppenauer
Typografischer Entwurf: Carsten Abelbeck
Umschlaggestaltung: Axel Ganguin

ISBN 978-3-8174-7835-4
7378352

Besuch uns im Internet: www.compactverlag.de

Inhaltsverzeichnis

Vorwort

Kennst du das? Du sitzt den ganzen Nachmittag an deinem Schreibtisch und versuchst, zu lernen. Und am Ende des Tages ist trotzdem nichts im Gedächtnis hängen geblieben. Der Grund dafür ist, dass du nicht richtig lernst.

Und genau hier will dir das vorliegende Übungsbuch der Reihe *Lernfuchs* helfen: Es möchte dir auf spielerischem Wege zeigen, mit welchen Techniken und Tricks du besser lernen kannst. Und wenn du richtig und mit Spaß lernst, wirst du dir das Gelernte mit Sicherheit auch besser merken können.

Wichtiges ist in farbigen Regelkästen hervorgehoben. Anschauliche Beispiele, Checklisten und Selbsttests helfen dir, dich ausführlich in jedes Kapitel einzuarbeiten. Außerdem hast du zahlreiche Möglichkeiten zum Üben. Zwischendurch stößt du immer wieder auf Tipps mit speziellen Tricks zu den vorgestellten Techniken.

Und jetzt viel Spaß beim Lernen und Üben!

1. Welcher Lerntyp bist du?

„Hey – was für ein Typ bist du eigentlich?“ Auf diese Frage fällt dir bestimmt direkt eine Antwort ein: ein lustiger Typ, ein stiller Typ, ein sportlicher Typ usw. Aber wusstest du auch, dass es bestimmte Lerntypen gibt? Zum Beispiel den auditiven und den visuellen Lerntyp. Was das ist, wirst du gleich erfahren.

Lernen kannst du auf viele verschiedene Arten: Etwa, indem du etwas liest oder indem du deinem Lehrer aufmerksam zuhörst, wenn er etwas erzählt. Vielleicht machst du dir dann auch noch Notizen dazu. Du kannst aber auch eine CD hören oder einen Film zu einem bestimmten Stoff ansehen.

Und damit sind wir beim Thema, denn „visueller Lerntyp“ bedeutet, dass du überwiegend durch das lernst, was du siehst. Der Begriff leitet sich ab von dem lateinischen Wort „videre“, das heißt „sehen“.
Der Begriff „auditiver Lerntyp“ bedeutet, dass du besonders gut lernst, indem du etwas hörst: eine CD mit dem Lernstoff oder die Worte deines Lehrers oder eines Klassenkameraden. Auch das Wort „auditiv“ stammt aus dem Lateinischen, denn das lateinische Wort „audire“ heißt „hören“.

Der visuelle Lerntyp

Der visuelle Lerntyp lernt am besten, wenn er etwas liest oder beobachtet, z. B., wenn er verfolgt, wie der Chemielehrer einen Versuch durchführt. Es fällt ihm leichter, sich den Lernstoff zu merken, wenn er sich diesen in Form eines Bildes oder einer Grafik veranschaulicht. Der visuelle Lerntyp liest viel und sieht gern Fotos, Zeichnungen oder Illustrationen an, um einen Sachverhalt zu verstehen. Auch schreibt er gern mit. Besonders gut erinnert er sich an das, was er selbst gesehen oder gelesen hat. Und er mag es besonders, wenn seine Lernumgebung angenehm aussieht.

Der auditive Lerntyp

Der auditive Lerntyp kann sehr leicht gehörte Informationen aufnehmen, sie behalten und auch wiedergeben. Mündlichen Erklärungen kann er gut folgen. Der auditive Lerntyp lernt am besten, wenn er den Lernstoff hört, z. B. auf Lern-CDs, sich den Text selbst laut vorliest oder einem anderen dabei zuhört. Er kann sehr gut auswendig lernen, indem er den Text laut spricht. Ihm liegen mündliche Aufgaben. Auditive Lerner führen oft Selbstgespräche beim Lernen. Sie sagen sich die Lerninhalte laut vor und erzählen gern anderen davon. Sie fühlen sich durch Geräusche in ihrer Umgebung schnell gestört und mögen meist auch keine Musik im Hintergrund.

Lernen durch Tun und Anfassen

Neben den beiden schon beschriebenen Lerntypen gibt es noch den Lerntyp, der besonders gut lernt, wenn er selbst etwas ausprobiert. Nehmen wir noch einmal das Beispiel Chemieunterricht: Dieser Lerntyp ist immer an erster Stelle, wenn es darum geht, einen Versuch selbst durchzuführen. In anderen Fächern spielt er gerne bei Rollenspielen mit. Er wird als „haptischer“ oder „kinästhetischer Lerner“ bezeichnet. Diese Begriffe musst du dir nicht unbedingt merken – einfacher ist, du merkst dir „Lernen durch Tun und Anfassen“.

Vielleicht hast du beim Lesen an manchen Stellen festgestellt, dass du ähnlich lernst, und dich sozusagen schon in einem der beschriebenen Lerntypen wiedererkannt?

Du weißt nicht, welcher Lerntyp du bist? Macht nichts! Das kannst du gleich herausfinden, denn jetzt gibt es einen Lerntypentest für dich.

Lerntypentest

Hast du Lust, auszutesten, auf welche der beschriebenen Arten du am leichtesten lernst – über das Lesen, das Sehen, das Hören oder das Anfassen? Dann kannst du es mit dem anschließenden Test ausprobieren. Allerdings brauchst du dafür einen Helfer, also z. B. deinen Vater, deine Mutter oder einen deiner Freunde. Der Test funktioniert folgendermaßen:

Test des visuellen Gedächtnisses (Lernweg Sehen)

Lies dir die folgende Liste der zehn Begriffe durch. Du darfst dir jedes Wort fünf Sekunden lang ansehen. Im Anschluss daran machst du 30 Sekunden lang Kopfrechenaufgaben. Danach hast du zwei Minuten Zeit, die Begriffe, die du dir gemerkt hast, aufzuschreiben.

Begriffe:
Fahrrad
Balkon
Hose
Sprudelflasche
Messer
Blume
Kalender
Lampe
Postkarte

Kopfrechenaufgaben:
$25 + 12 =$
$37 - 4 =$
$5 \cdot 3 =$

8 – 5 =
42 : 6 =
9 – 6 + 13 =
18 – 6 + 17 =
22 + 34 – 9 =

Schreibe nun die Wörter auf, die du dir merken konntest:

____

____

____

Test des auditiven Gedächtnisses (Lernweg Hören)

Bitte nun einen Helfer, dir die folgenden zehn Wörter laut und deutlich und nicht zu schnell vorzulesen. Anschließend machst du wieder eine halbe Minute lang Kopfrechenaufgaben und schreibst danach die Wörter auf, die du dir merken konntest.

Begriffe:
Marmelade
Hund
Schrank
Kaffeekanne
Bett
Fernseher
Hut
Regenschirm
Wasserball
Aquarium

Und jetzt wieder Kopfrechnen!
5 + 17 =
7 + 28 =
4 · 7 =
16 : 4 =
37 – 19 =
42 : 6 =
72 : 9 =
54 : 6 =

Diese Wörter konntest du dir merken:

____

____

____

Test des haptischen Gedächtnisses (Lernweg Anfassen)

Bitte deinen Helfer nun, zehn Gegenstände bereitzuhalten und lasse dir die Augen verbinden. Dein Helfer gibt dir die Gegenstände nacheinander in die Hand, damit du sie betasten und dadurch erkennen kannst. Hierauf machst du wieder Kopfrechenaufgaben und anschließend schreibst du die Dinge auf, an die du dich erinnern kannst.

Kopfrechenaufgaben:
26 – 4 =
8 · 3 =
16 + 2 =
30 : 6 =
25 – 13 =
22 + 9 =

49 : 7 =
48 : 8 =

Gegenstände, die du dir merken konntest:

____

____

____

Testauswertung

Sieh dir nun an, wie viele Wörter oder Gegenstände du dir jeweils merken konntest. Wenn du dir bei einem bestimmten Lernweg besonders viel merken konntest, ist dies der Lernweg, der bei dir am stärksten ausgeprägt ist.

REGEL

Welcher Lernweg auch immer bei dir am besten funktioniert – du solltest das Wissen darüber, welcher Lerntyp du bist, nutzen. Und zwar, indem du dein Lernen daraufhin abstimmst!

Wenn du jetzt einwendest, dass das nicht immer geht, dann hast du nicht ganz unrecht. Man kann einen Text im Fach Deutsch z. B. nicht anfassen und kann auch nicht immer ein Rollenspiel dazu erfinden. Aber wenn du z. B. dem Lerntyp Hören angehörst, hat es für dich auf jeden Fall Sinn, den Text laut zu lesen und über ihn zu sprechen, anstatt ihn nur leise für dich zu lesen.

TIPP

Wenn du auditiver Lerner bist, so lernst du am besten, indem du Lernkassetten hörst, laut liest und Gespräche über den Lernstoff führst. Für dich ist Ruhe beim Lernen besonders wichtig!
Siehst du dich eher als visuellen Lerner an, dann fertige zu deinem Lernstoff Bilder oder Skizzen an. Sieh dir außerdem Videofilme oder Fernsehbeiträge zum jeweiligen Thema an.

Aber noch etwas ist wichtig für dich zu wissen: Auch wenn du jetzt herausgefunden hast, welchem Lerntyp du am ehesten zugehörst und wie du dein Lernen dadurch verbessern kannst, ist es trotzdem wichtig, dass du versuchst, auch die anderen Lernwege für dein Lernen zu nutzen. Denn auch das haben Wissenschaftler, die sich mit dem Lernen beschäftigen, herausgefunden: Wenn man etwas lernen will, dann ist es für das Gehirn gut, viele Verbindungen für den Lerninhalt zu schaffen. Das heißt, je eher du weißt, wie etwas funktioniert, wie es riecht, wie es schmeckt, wie es aussieht oder wie es sich anfühlt, desto leichter kann es sich dein Gehirn merken.

REGEL

Nutze verschiedene Lernwege! Es ist sinnvoll, wenn du dir deinen Lernstoff auf verschiedene Arten aneignest – egal, welcher Lerntyp du bist. Die Chance, sich etwas zu merken, ist noch größer, wenn du den Lernstoff auf verschiedene Arten lernst.

Vokabeln z. B. solltest du nicht nur lesen, sondern auch laut aussprechen und dir dazu vielleicht sogar Bilder malen.

Wissenschaftler haben übrigens auch herausgefunden, dass wir im Durchschnitt beim Lesen 10 %, beim Hören 20 %, beim Sehen 30 %, beim Hören und Sehen 50 %, beim selbst darüber Sprechen 70 % und wenn wir etwas selbst ausprobieren 90 % behalten.

2. Wie organisierst du das Lernen?

„Das Lernen organisieren? Reicht es denn nicht, wenn ich einfach anfange?", fragst du dich jetzt vielleicht. Die Antwort lautet ganz klar: „Nein!" Es ist beim Lernen sehr wichtig, dass du alles gut organisierst. Warum, erfährst du jetzt.

Der geeignete Arbeitsplatz

Du hast im ersten Kapitel etwas über verschiedene Lerntypen erfahren. Für das Lernen ist es aber auch wichtig, ob du ein ordentlicher oder ein unordentlicher Typ Lerner bist. Was denkst du, ist es einfacher zu lernen, wenn man ein ordentlicher Lerner ist oder wenn man eher unordentlich ist? Du findest, das ist eine einfache Frage, weil es doch ganz klar ist?

Genau: Es ist einfacher zu lernen, wenn man Ordnung hat! Wenn du an einem ordentlich aufgeräumten Schreibtisch sitzt, auf dem alle Sachen griffbereit sind, die du zum Lernen brauchst, ist das eine gute Voraussetzung. Wenn du dir erst einige Dinge zusammensuchen musst, bevor du mit dem Lernen überhaupt beginnen kannst, ist das nicht nur nervig, sondern lenkt auch ab und raubt Zeit. Besonders dann, wenn du deine Lernutensilien nicht findest und vielleicht noch in der Küche oder im Zimmer deines Bruders oder deiner Schwester suchen musst. Da ist schnell mal eine Viertelstunde mit Suchen verbracht. Und zwar genau die Viertelstunde, die du früher mit dem Lernen fertig sein könntest, wenn du alle deine Lernunterlagen an Ort und Stelle hättest. Ist doch ärgerlich, oder nicht?

Wichtig ist aber nicht nur, dass an deinem Arbeitsplatz die Dinge vorhanden sind, die du zum Lernen brauchst. Wichtig ist auch, dass dort keine anderen Sachen liegen, die du zum Lernen nicht brauchst und die dich ablenken können: ein MP-3-Player z. B. Das wäre doch verführerisch, vor den Hausaufgaben erst einmal ein paar Lieder zu hören, oder? Oder dein Handy – das gehört da auch nicht hin. Alles, was nichts mit der Schule zu tun hat, sollte nicht auf deinem Schreibtisch liegen.

REGEL

Dein Arbeitsplatz ist immer aufgeräumt – es liegen dort nur die Dinge, die du zum Lernen brauchst!

Was sollte auf deinem Schreibtisch oder in greifbarer Nähe vorhanden sein? Natürlich alles, was du zum Lernen brauchst: Papier und Stifte, Lineal, Bleistift, Anspitzer, Radiergummi, Schmierpapier usw. Und ein Papierkorb sollte dort stehen, damit nicht mehr benötigtes Schmierpapier auch sofort wieder von deinem Schreibtisch verschwindet.

Um gut lernen zu können, brauchst du einen festen Arbeitsplatz. Damit ist gemeint, dass du deine Hausaufgaben immer am gleichen Platz erledigen solltest und nicht einmal hier und einmal dort, montags in der Küche, dienstags im Wohnzimmer und nur manchmal in deinem Zimmer – oder schlimmer noch, erst die Mathematik-Hausaufgaben in der Küche und dann Englisch am Wohnzimmertisch!

REGEL

Lerne immer am gleichen, festen Arbeitsplatz!

Am besten ist es natürlich, wenn du einen eigenen Schreibtisch in deinem Zimmer hast, wo du ganz ungestört bist. Einen festen Arbeitsplatz zu haben, ist deshalb so wichtig, weil Menschen sich stark an Gewohnheiten orientieren. Das bedeutet in Bezug auf deinen Arbeitsplatz, dass du einfacher mit dem Lernen beginnen kannst, wenn du immer am gleichen Platz lernst. Dein Körper stellt sich dann sozusagen automatisch auf „Arbeiten/Lernen" ein, wenn du dich an deinen „Lernplatz" setzt.

TIPP

Wenn es für dich nicht möglich ist, im eigenen Zimmer am Schreibtisch zu lernen, dann musst du dir in einem anderen Zimmer einen festen Arbeitsplatz suchen und einrichten. Wichtig ist, dass du dort Ruhe hast und einen Tisch, der groß genug ist. Alle Materialien, die du zum Lernen benötigst, müssen dort vorhanden sein.

Die besten Lernbedingungen

Ganz wichtig ist, dass es dort, wo du lernst, ruhig ist. Also: Weder das Radio noch der Fernseher dürfen während der Hausaufgaben laufen. Das Handy muss ausgeschaltet sein.

Und weil dein Gehirn beim Lernen viel Sauerstoff verbraucht, musst du in deinem Zimmer frische Luft haben und regelmäßig lüften. Dabei sollst du natürlich nicht frieren, aber auch nicht schwitzen. Die Raumtemperatur sollte, wenn möglich, bei etwa 20° C liegen.

Du brauchst außerdem genug Licht, um gut lernen zu können. Am besten ist es, wenn dein Schreibtisch direkt am Fenster steht. Bei Rechtshändern sollte die Schreibtischlampe links stehen, bei Linkshändern rechts. So vermeidet man, dass ein Schatten entsteht. Wenn du nicht genug Licht hast, musst du dich beim Sehen mehr anstrengen und verbrauchst so Energie, die du besser fürs Lernen einsetzen solltest.

Hunger und Durst sind schlechte Lernbegleiter. Sie verhindern, dass du dich aufs Lernen konzentrierst. Deine Gedanken schweifen dann immer öfter ab, zu einem Burger, Spaghetti Bolognese oder was auch immer du gerne isst. Beginne also erst zu lernen, wenn du Hunger und Durst gestillt hast. Allerdings solltest du nach einer richtigen Mahlzeit, also meist mittags, nicht sofort mit dem Lernen anfangen, sondern erst einmal eine Stunde Pause machen. Warum? Nun, beim Lernen benötigt dein Gehirn viel Sauerstoff, das haben wir eben schon gelernt. Der Sauerstoff gelangt über das Blut zum Gehirn. Nach dem Essen befindet sich das Blut aber vor allem in den Verdauungsorganen, um dort die Nährstoffe aufzunehmen. Also, besser erst einmal pausieren!

REGEL

Nach dem Mittagessen solltest du eine Stunde Pause machen, bevor du mit dem Lernen beginnst.

Checkliste Arbeitsplatz

Anhand der folgenden Checkliste kannst du überprüfen, ob dein Arbeitsplatz optimal ausgestattet ist.

- ☐ Habe ich einen festen Arbeitsplatz?
- ☐ Ist mein Schreibtisch groß genug?
- ☐ Ist mein Arbeitsplatz ruhig?
- ☐ Ist mein Arbeitsplatz aufgeräumt?
- ☐ Sind alle notwendigen Arbeitsmaterialien vorhanden?
- ☐ Habe ich genug Licht?
- ☐ Ist die Raumtemperatur angenehm?
- ☐ Lerne ich ohne Hunger und Durst?
- ☐ Mache ich nach dem Essen eine Pause?
- ☐ Habe ich frische Luft?

Wenn du eine oder mehrere Fragen nicht mit Ja beantwortet und angekreuzt hast, solltest du dir überlegen, wie du deinen Arbeitsplatz verändern kannst. Manche Dinge musst du mit deinen Eltern besprechen, z. B., wenn du eine neue Schreibtischlampe brauchst oder einen ruhigen Ort zum Lernen.

Außerdem solltest du nur die Bücher auf deinen Schreibtisch legen, die du für die jeweilige Aufgabe gerade brauchst. Machst du deine Deutsch-Hausaufgaben, solltest du dabei nämlich nicht schon an Englisch denken, nur, weil das Buch auch dort liegt. Und jedes Mal, wenn du eine Aufgabe erledigt hast, räumst du am besten die Sachen gleich weg. Und sagst dir dabei: „Geschafft! Und weg damit!“ Hast du das Fach am nächsten Tag in der Schule, dann räume alles natürlich sofort in die Schultasche.

Die beste Zeit zum Lernen

Hast du schon einmal bemerkt, dass du dich zu einer bestimmten Zeit besser konzentrieren und lernen kannst als zu einer anderen? Das ist gut möglich. Du solltest dann möglichst oft zu dieser Zeit, deiner guten Lernzeit, lernen. Bei den meisten Menschen ist es übrigens so, dass sie ganz früh morgens noch nicht gut lernen können. Das kannst du gut verstehen? Genau, da ist man ja noch müde und muss erst einmal wach und richtig fit werden! Etwa ab neun Uhr bis zwölf Uhr haben die meisten Menschen ein Leistungshoch. Um die Mittagszeit folgt dann bei vielen das sogenannte Mittagstief. Und am späten Nachmittag wird es dann wieder besser. Denn so zwischen 16 Uhr bis 18 Uhr liegt ein weiteres Leistungshoch.

Morgens bist du in der Schule und nutzt damit die gute Lernzeit. Mittags nach dem Mittagessen, das weißt du ja jetzt schon, solltest du erst einmal eine Pause einlegen und dich ausruhen. Und die hast du dir ja auch verdient – schließlich warst du ja schon ein paar Stunden fleißig.
Anschließend solltest du die zweite gute Phase nutzen, um zu lernen – also den späten Nachmittag. Das geht bei dir nicht, weil du dich mit deinen Freunden verabredet hast? Dann probiere es doch erst einmal an ein paar Tagen aus, an denen du richtig viel Zeit und keine Verabredung hast. So kannst du in aller Ruhe herausfinden, welche Zeit für dich gut zum Lernen ist.

Morgens vor der Schule noch schnell ein paar Hausaufgaben machen? Das ist ganz ungünstig, denn du bist ja noch gar nicht richtig wach. Außerdem stehst du unter Zeitdruck, da du rechtzeitig in der Schule sein musst. Da würdest du wahrscheinlich viel mehr Fehler machen und deine Hausaufgaben sähen viel unordentlicher aus, als wenn du sie zu einer anderen Zeit machen würdest.

Der Abend ist ebenfalls nicht gut zum Lernen geeignet. Das kennst du doch bestimmt auch: Abends hast du einen anstrengenden Tag hinter dir und bist einfach nur müde. Und jetzt noch lernen und Hausaufgaben machen? Bloß nicht! Und was, wenn du deine Englisch-Hausaufgaben vergessen hast? Okay – Ausnahmen sind natürlich erlaubt!

REGEL

Lerne zu den Zeiten, zu denen du gut lernen kannst. Vor der Schule und am Abend lernst du nicht.

Lernst du immer zu deinen besten Lernzeiten, dann bist du auch schneller fertig. Denn logischerweise brauchst du dann insgesamt weniger Zeit für deine Hausaufgaben, als wenn du z. B. abends schon sehr müde bist oder morgens noch nicht richtig wach.

Die richtige Zeiteinteilung

Ist es dir schon einmal passiert, dass beim Lernen deine Gedanken auf einmal ganz woanders sind? Und du mal an dies und mal an jenes denkst, aber nicht mehr wirklich an das Thema, dem du dich jetzt eigentlich widmen solltest? Das sind unbewusste Pausen, die dein Gehirn macht und die ihm helfen sollen, ein bisschen zu entspannen. Dies zeigt, dass du beim Lernen immer wieder Pausen brauchst, um dich zu erholen. Es ist daher wichtig, dass du die Pausen direkt beim Lernen mit einplanst.

„Dann dauert das Lernen aber noch länger!“, könntest du jetzt einwenden. Das kann man vielleicht erst mal denken – es ist aber nicht so. Denn Pausen helfen dir, dich zu erholen und besser zu lernen. Das heißt auch, dass du letzten Endes durch Pausen keine Zeit verlierst, sondern sparst.

REGEL

Pausen helfen dir beim Lernen, weil
- sie deinem Gehirn die Möglichkeit geben, das Gelernte in Ruhe zu verarbeiten,
- du dadurch motivierter bist und dir sagen kannst: „Gleich habe ich mir eine Pause verdient!“,
- sich zwei zeitlich zu nah beieinanderliegende Lernvorgänge im Gehirn gegenseitig behindern und eine Pause dies verhindert.

Beachte bei deinen Pausen Folgendes: Mache Pausen schon dann, wenn du noch fit bist und nicht erst, wenn du schon erschöpft bist. Denn dann bräuchtest du wirklich eine Riesenpause. Mache also lieber öfter Kurzpausen. Auch eine Pause von einer Minute hilft dir bereits, dich zu erholen. Lege die Pausen zwischen zwei verschiedene Lernthemen, also z. B. zwischen Mathematik und Deutsch. Diese Pause sollte aber etwas länger sein, und zwar mindestens fünf Minuten.

REGEL

Nach einer halben Stunde solltest du eine Pause von fünf bis zehn Minuten einlegen, nach einer Stunde eine Pause von 15 Minuten und nach insgesamt zwei Stunden auf jeden Fall eine Pause von einer halbe Stunde.

Wenn du deine Pause machst, bleibe nicht am Schreibtisch sitzen, sondern stehe auf und bewege dich, esse oder trinke etwas oder setze dich einen Moment in die Sonne.

Die richtige Aufteilung der Hausaufgaben

Nehmen wir einmal an, du hast schriftliche Hausaufgaben in den Fächern Deutsch, Mathematik und Englisch auf. Für Biologie musst du einen Text lesen. Dann ist es sinnvoll, wenn du nicht nacheinander die Sprachen lernst, sondern Mathematik und Biologie dazwischenschiebst. Denn Sprachen ähneln sich oft und es kommt leicht zu Verwechslungen.

Das Gleiche gilt für schriftliche und mündliche Hausaufgaben, auch die solltest du abwechselnd machen, dann wird es nicht so langweilig.

Stell dir jetzt einen Plan zusammen, wie du deine nächsten Hausaufgaben am besten erledigst. Vergiss dabei nicht, die Pausen einzuplanen! Ganz oben trägst du den Wochentag und das Datum ein, damit du auch weißt, um welchen Tag es sich handelt. In der Rubrik Fach/Pause trägst du jeweils das Fach ein sowie auch die Pausen. Bei Uhrzeit trägst du ein, wie lange du wohl ungefähr für das Fach oder die Pause brauchen wirst.

Datum:	
Uhrzeit	**Fach/Pause**

Solche Pläne solltest du dir am besten auch für das Lernen vor Klassenarbeiten erstellen.

3. Wie lernst du, dich auf das Wesentliche zu konzentrieren?

Auch diese Erfahrung hast du vielleicht schon einmal gemacht: Du setzt dich an deinen Schreibtisch, willst mit den Hausaufgaben oder dem Lernen für eine Arbeit anfangen, aber dir gehen alle möglichen Gedanken durch den Kopf – und die haben mit deinen Hausaufgaben ziemlich wenig zu tun. Dies zeigt, dass du unkonzentriert bist. Konzentrieren heißt nämlich, seine Gedanken ganz bewusst auf nur eine Sache zu lenken. Und auch das kann man lernen.

Äußere Störfaktoren vermeiden

Wenn man sich konzentrieren möchte, ist es ganz wichtig, Störungen von außen auszuschließen. Nehmen wir einmal an, du möchtest mit dem Lernen beginnen und dein Handy oder das Telefon klingelt. Schon ist die Störung da! Siehst du eine Lösung? Genau, Handy ausstellen und das Telefon möglichst auch. Vielleicht bittest du deine Eltern auch einfach, es leiser zu stellen, sodass du es in deinem Zimmer nicht hörst. Denn wenn erst einmal deine Freundin / dein Freund an der Strippe ist und dir die wichtigsten Neuigkeiten erzählen will, dann bist du garantiert abgelenkt.

REGEL

Hausaufgaben-Zeit ist telefonfreie Zeit.

Die andere Möglichkeit ist, nach der Schule bzw. nach dem Mittagessen eine Pause einzuplanen – was ja ohnehin sinnvoll ist – und während dieser Zeit die Telefonate zu führen, die dir wichtig sind. Und du solltest deine Freunde bitten, dich entweder während dieser Zeit oder aber nach den Hausaufgaben anzurufen. Dann kannst du sichergehen, dass du ungestört arbeiten kannst. Verabreden kann man sich übrigens ja auch schon in der Schule!

Wie lernst du, dich auf das Wesentliche zu konzentrieren?

Du solltest während der Hausaufgaben weder Radio noch MP3-Player und Ähnliches hören. Selbstverständlich muss auch der Fernseher ausgestellt sein. Denn wenn während des Lernens ein Radio läuft, bist du ständig abgelenkt und hörst mit dem einen Ohr immer auf die Musik. Und beim Fernsehen ist es noch schlimmer, da schaut man dann ja auch noch hin.
All dies sind Störungen, die dich daran hindern, dich zu konzentrieren. Und wenn du dich nicht konzentrieren kannst, dann kannst du schlechter lernen und brauchst viel mehr Zeit. Einmal ganz abgesehen von den Fehlern, die du machst, wenn du unkonzentriert bist.

REGEL

Lerne ohne Musik oder Fernsehen, denn das lenkt dich ab.

Das haben übrigens auch Wissenschaftler herausgefunden. Sie haben Tests durchgeführt, bei denen Schüler in einem ersten Durchgang Aufgaben in Ruhe ausrechnen konnten. Beim zweiten Durchgang hörten die Schüler beim Rechnen Musik und machten, weil die Musik sie störte und ablenkte, mehr Fehler. Diese Untersuchungsergebnisse kann man natürlich auch auf andere Lernaufgaben übertragen. Also auch, wenn du Vokabeln lernen musst oder dich mit einem Englischaufsatz beschäftigst, stört Musik deine Konzentration. Dasselbe gilt fürs Auswendiglernen.

1 **Du kannst das selbst ausprobieren: Du findest hier zwei Wörterlisten mit je zehn Wörtern, die du dir merken sollst. Beim ersten Durchgang siehst du dir die Wörter in aller Ruhe an und versuchst, sie zu behalten. Beim zweiten Durchgang darfst du laut Musik dabei hören. Du hast für beide Wörterlisten gleich viel Zeit, nämlich drei Minuten. Danach kontrollierst du, wie viele Wörter du dir jeweils merken konntest.**

Wörterliste 1 ohne Musik:
Schrankwand
Milchshake
Hundekörbchen
Girlande
Schuh
Rasenmäher
Wasserkocher
Schulfest
Regenbogen
Gartenhütte

Anzahl richtig erinnerter Wörter:

____

Wörterliste 2 mit Musik:
Telefonbuch
Schlüsselbund
Wellensittich
Schwimmbad
Rosenstrauch
Toaster
Kalender
Fahrradständer
Luftmatratze
Hut

Anzahl richtig erinnerter Wörter:

____

Natürlich können dich auch andere Menschen stören und das nicht nur per Telefon. Hast du beispielsweise kleinere Geschwister, die im Zimmer nebenan so toben, dass du es auch bei dir im Zimmer laut hörst, wirst du dich ebenfalls nicht konzentrieren können. Das Gleiche kann für ältere Geschwister gelten: Hört dein Bruder etwa laut Rockmusik, während du deine Hausaufgaben machst, ist das ein echtes Problem für deine Konzentrationsfähigkeit.
Sollte einer der Fälle bei dir zutreffen, dann musst du mit deinen Eltern darüber sprechen. Gemeinsam findet ihr bestimmt eine Lösung. Vielleicht könnt ihr gemeinsam Zeiten festlegen, zu denen gelernt wird und es deshalb ruhig sein muss. Zu anderen Zeiten darf die Musik oder das Spielen dann ruhig etwas lauter sein.

TIPP

Ist es bereits zu einer Störung gekommen, weil es z. B. an der Haustür geklingelt hat und du öffnen musstest, mach das Beste daraus! Da du nun sowieso schon aus deinem Lernstoff herausgerissen wurdest, bietet es sich an, gleich eine kurze Pause zu machen.

Störungen können auch ganz andere Dinge sein: z. B. kalte Füße. Kalte Füße? Ja, du hast richtig gehört. Kalte Füße können dich beim Lernen ganz schön stören, denn du fühlst dich immer irgendwie unwohl, musst deine Füße warm rubbeln, wünscht dir wärmere Socken usw. Da ist es besser, schnell wärmere Socken oder eine Wärmflasche zu holen. Danach kannst du störungsfrei weiterlernen!

Fällt dir auch noch etwas ein? Ja, richtig: Hunger und Durst sind auch Störungen. Viele Tipps, die den perfekten Arbeitsplatz betreffen, sind auch beim Thema Störungen wichtig. Denn der perfekte Arbeitsplatz ist auch ein störungsfreier Arbeitsplatz.

Störungen von innen

Es gibt aber nicht nur Ablenkungen, die von außen kommen, sondern auch Störungen, die mit dir selbst zu tun haben. Auch diese halten dich davon ab, dich auf die wichtigen Dinge zu konzentrieren.
Ablenkend können etwa Probleme oder Sorgen sein. Oder vielleicht sogar Angst, denn es gibt viele Schüler, die Ängste und Probleme haben. Dann solltest du nicht allein mit diesen Sorgen bleiben und darüber grübeln, was du machen kannst. Es ist immer besser, sich Hilfe zu holen und mit anderen über seine Sorgen zu sprechen. Du könntest dich deinen Eltern anvertrauen oder einem Vertrauenslehrer. Bestimmt weiß einer von ihnen, wie man weiterhelfen kann.

Konzentrationsschwierigkeiten zu Beginn des Lernens

Gehörst du vielleicht auch zu den Kindern/Jugendlichen, die besonders zu Beginn des Lernens Probleme haben, sich zu konzentrieren? Dann könnten dir folgende Ratschläge helfen:
Zunächst einmal solltest du immer mit dem Fach beginnen, das du am liebsten magst. Meist fällt dir das leichter als ein Fach, das dir nicht liegt. Denn gerade

zu Anfang des Lernens lässt man sich besonders leicht ablenken – und das umso lieber, je weniger gern man das Fach hat, auf das man sich eigentlich konzentrieren sollte. Nimmst du dir erst das Fach vor, das du magst, bist du motivierter, hast mehr Lust und es fällt dir leichter, dich auf das Lernen zu konzentrieren.
Außerdem ist es so, dass dein Gehirn am Anfang des Lernens etwas „Anlaufzeit" braucht, so wie ein Sportler, der sich erst aufwärmen muss. Und da ist es natürlich besser, wenn du etwas bearbeitest, das dir leichtfällt, als ein Thema, das dir ohnehin schon schwerfällt.

REGEL

Beginne mit dem Fach, das dir liegt. Denn dann fällt dir das Konzentrieren leichter.

Konzentrationsübungen können dir helfen

Zu Beginn des Lernens kann es außerdem hilfreich sein, wenn du eine kleine Konzentrationsübung machst.

TIPP

Eine gute Konzentrationsübung vor einer Deutsch-Aufgabe, bei der du einen Text lesen musst, ist folgende: Suche aus dem Text alle *A*s oder *E*s heraus! Probier es einmal aus! Danach kannst du dich vielleicht gleich schon etwas besser auf den Text konzentrieren.

Insgesamt ist es sinnvoll, auch im Verlauf des Lernens immer wieder einmal eine Konzentrationsübung einzustreuen. Denn dich gut zu konzentrieren, kannst du üben. Deshalb findest du im Folgenden einige Aufgaben, die deine Konzentration fördern.

2 **Bei dem rechten Bild haben sich sechs Fehler eingeschlichen. Findest du sie?**

3 **Wenn du genau hinsiehst, findest du in diesem Buchstabengitter acht Obstsorten (waagerecht, senkrecht und diagonal). Welche sind es?**

B	N	I	O	L	M	T	L	I	0
R	A	U	U	T	R	A	U	B	E
J	U	N	A	U	E	R	A	K	P
T	B	K	A	P	F	E	L	O	P
W	R	I	I	N	E	Z	P	E	F
S	A	R	R	W	E	I	M	I	L
E	S	S	U	N	I	A	U	E	A
C	O	C	G	N	E	W	A	U	U
R	I	H	A	U	I	T	E	K	M
A	N	E	K	T	A	R	I	N	E

4 **Sieh dir das folgende Bild genau an. Achte dabei darauf, welche Kleidungsstücke die Kinder tragen. Decke dann das Bild ab. Ordne anschließend die Kleidungsstücke dem jeweiligen Kind zu.**

Max Lisa Paul Marie Jonas

 ______________________________

 ______________________________

 ______________________________

 ______________________________

 ______________________________

Entspannungsübungen erleichtern das Lernen

Hast du vielleicht schon einmal von Fantasiereisen oder Traumreisen gehört? Das sind schöne Geschichten, die man auf Kassette oder CD anhören kann. Du kannst sie z. B. hören, bevor du mit dem Lernen anfangen willst. Dabei kannst du dich wunderbar entspannen. Und wer entspannt ist, kann sich besser konzentrieren und leichter lernen.

REGEL

Entspannungs- und Konzentrationsübungen helfen dir, dich zu erholen, und sorgen für eine bessere Konzentrationsfähigkeit.

Auch autogenes Training ist eine gute Methode, sich zu entspannen und Kraft zu sammeln. Dabei lenkt der Übende seine ganze Konzentration auf seinen Körper und sagt sich z. B., dass der Arm ganz schwer wird oder ganz warm. Wenn man das oft genug übt, spürt man tatsächlich, dass der Körper schwer oder warm wird. Und man fühlt förmlich, dass man entspannt.

Autogenes Training ist nicht ganz so einfach zu lernen, aber vielleicht gibt es ja bei dir in der Nähe einen Kurs für Kinder, in dem du diese Entspannungsmethode erlernen kannst. Frag doch mal deine Eltern oder deine Lehrer.

Im Folgenden findest du drei Entspannungsmethoden, die du recht leicht erlernen kannst. Wenn es mit der Entspannung nicht sofort klappt, ist das ganz normal. Du solltest dann nicht frustriert sein und es einfach noch einmal versuchen.

5 Reise durch den Körper

Nach Möglichkeit dunkelst du den Raum ab, indem du z. B. die Vorhänge zuziehst. Dann legst du dich entspannt auf eine bequeme Unterlage und befolgst die folgenden Anweisungen, die du dir am besten vorlesen lässt. Für jedes Körperteil nimmst du dir genug Zeit und konzentrierst dich darauf, wie es sich anfühlt. Wenn du bei einem Körperteil spürst, dass es angespannt ist, versuchst du, die Muskeln zu entspannen.

Du liegst entspannt und ruhig auf dem Boden. Du schließt deine Augen, um dich besser auf dich und deinen Körper konzentrieren zu können.
Du hast Zeit, dich auszuruhen und zu entspannen. Gehe nun mit deiner Aufmerksamkeit zu deinem Körper und spüre den Kontakt deines Körpers zum Boden. Fühle, wo er aufliegt und wie er sich anfühlt.
Spüre, wie deine rechte Hand (Bei Linkshändern sollte zuerst die linke Hand behandelt werden.) *auf dem Boden aufliegt und wie sie sich anfühlt. Fühle, wie deine linke Hand auf dem Boden aufliegt. Spüre deinen rechten Arm, spüre deine rechte Schulter. Spüre deinen linken Arm, spüre deine linke Schulter.*
Nun gehe mit deiner Aufmerksamkeit zu deinem Gesicht und fühle, ob es entspannt ist.
Achte dann darauf, wie sich dein Brustkorb anfühlt. Und spüre deinen Bauch.
Nun achte darauf, wie sich dein Rücken anfühlt.
Komme jetzt zu deinem rechten Bein und fühle, wie sich dieses anfühlt: Erst die Füße, dann die Unterschenkel, die Knie und die Oberschenkel – spüre, wie sich alles anfühlt.
Anschließend achtest du darauf, wie sich das linke Bein anfühlt – von den Füßen langsam hinauf zum Oberschenkel.

Für diese Körperreise brauchst du Zeit und darfst nicht hetzen. Wenn du fertig bist, bleibst du einfach noch ein bis zwei Minuten liegen und entspannst. Anschließend streckst du deine Arme und Beine, bewegst den Kopf vorsichtig hin und her, atmest tief ein und aus und öffnest zuletzt die Augen. Falls du die Körperreise abends machst, um besser schlafen zu können, musst du das nicht tun. Dann schläfst du nach der Körperreise einfach ein.

6 Progressive Muskelentspannung

Progressive Muskelentspannung ist eine Methode, mit der du gut entspannen kannst. Und du kannst sie leicht lernen. Sie funktioniert so: Man spannt verschiedene Muskelgruppen nacheinander an und lässt sie anschließend wieder los, entspannt sie also. Man sollte die Muskeln auf keinen Fall so fest anspannen, dass es wehtut oder man gar einen Krampf bekommt! Die Phase der Spannung sollte immer fünf bis sieben Sekunden andauern. Für das Entspannen sollte man sich mindestens 15 Sekunden Zeit nehmen.

Du fängst an und spannst deine rechte Hand *(Linkshänder beginnen mit der linken Hand.)* zur Faust. Stell dir dabei vor, dass du mit deiner Hand einen nassen Schwamm ausdrückst, bis kein Wasser mehr herauskommt. Dann lass los. Bewege deine Finger, schüttele deine Hand aus und lege sie wieder ganz bequem neben dir auf die Unterlage. Achte darauf, wie sich deine Hand nun anfühlt und entspanne. Wiederhole die Übung mit der anderen Hand.
Anschließend stellst du dir vor, du seist ein starker Mann oder eine starke Frau. Dazu ballst du die Faust, beugst den Arm und spannst den Bizeps an. Dann lässt du wieder los und legst den Arm ganz locker auf die Unterlage. Achte wieder darauf, wie er sich anfühlt und entspanne. Dasselbe machst du mit dem anderen Arm.
Jetzt stellst du dir vor, dass du ganz böse bist und ziehst eine Grimasse und spannst dabei das ganze Gesicht an. Dann lässt du dein Gesicht wieder ganz locker und entspannt werden und achtest darauf, wie es sich anfühlt. Und nun ziehst du dein Kinn etwas in Richtung Brust und fühlst dabei, wie sich dein Nacken anspannt. Dann lässt du wieder los und achtest darauf, wie sich die Entspannung anfühlt.
Danach ziehst du die Schultern hoch in Richtung Ohren und hältst auch diese Spannung. Dann lässt du wieder locker und fühlst, wie sich die Schultern entspannen.

Und nun spannst du deinen Bauch an, ziehst ihn ein, als ob du dich dünner machen wolltest und fühlst die Anspannung. Dann lässt du wieder locker und spürst, wie sich dein Bauch anfühlt, wenn er entspannt ist.
Jetzt kommst du zu deinem rechten Bein und spannst auch dieses an, indem du die Zehen hochziehst und die Ferse leicht vom Boden abhebst. Fühle, wie sich die Anspannung im Bein anfühlt und dann lass wieder locker und fühle, wie sich dein entspanntes Bein anfühlt. Das Gleiche machst du anschließend mit dem anderen Bein.

Wenn du alle Muskelgruppen angespannt und wieder entspannt hast, dann bleibe noch eine Weile liegen und achte darauf, wie sich dein ganzer Körper entspannt. Das machst du ein bis zwei Minuten lang.

Abschließend musst du deinen Körper dann wieder aktivieren und deinen Kreislauf vorsichtig ankurbeln. Das nennt man „Rücknahme“ und geht so:
Erst streckst und reckst du deine Arme und Beine. Als zweites bewegst du den Kopf vorsichtig hin und her. Dann atmest du ein paar Mal tief ein und aus. Und zuletzt öffnest du deine Augen. Stehe aber nicht plötzlich auf, sondern setze dich erst kurz hin und richte dich dann langsam und vorsichtig auf!

Du kannst diese Übung auch abends vor dem Einschlafen machen, dann lässt du aber die Rücknahme weg, denn du willst ja nicht wieder aktiv werden, sondern einschlafen.

7 Traumreise mit Atemübung

Diese Übung ist eine Traumreise, gepaart mit einer Atemübung. Am besten lässt du dir die Geschichte von deinen Eltern vorlesen. Wenn du niemanden zum Vorlesen hast, kannst du sie auch selbst lesen und dir die Bilder im Anschluss daran vorstellen. Konzentriere dich bei der Übung ganz auf das Atmen. Bei jedem Atemzug stellst du dir das Meer vor, das Brausen der Wellen und wie die Kraft des Meeres in dich hineinströmt. Zwischen deinen Atemzügen stellst du dir Ruhe vor, einfach nur Ruhe.

Stell dir vor, du bist am Strand und liegst im weichen Sand. Es ist angenehm warm. Du fühlst dich wohl. Die Wellen kommen und gehen.
Stell dir vor, wie eine Welle auf den Strand zukommt, dort bricht und dann wieder zurück ins Meer hinausläuft.
Die nächste Welle kommt, bricht und läuft wieder ins Meer hinaus. Und so geht es immer weiter.
Du hörst das Brausen der Wellen und du spürst die Kraft des Meeres. Achte nun auf deinen Atem. Bei jedem Atemzug hörst du eine Welle des Meeres.
Und zwischen deinen Atemzügen ist Stille – Ruhe.
Achte so einige Atemzüge lang einfach nur auf deinen Atem – und auf die Wellen des Meeres. Fühle, wie bei jedem Atemzug die Ruhe und Kraft des Meeres in dich hineinströmt. Bei jedem Atemzug strömt Ruhe und Kraft in dich. Die Ruhe und die Kraft in dir wachsen mit den Wellen des Meeres.

Was lenkt dich vom Konzentrieren ab?

Möchtest du nicht gern einmal wissen, was genau dich davon abhält, dich zu konzentrieren? Denn da gibt es ja viele mögliche Ursachen und bei jedem kann es eine andere sein. Mach dazu doch einmal einen Konzentrationscheck! Das heißt, dass du eine Woche lang prüfst, wie konzentriert du eigentlich arbeitest. Dabei schreibst du jeden Tag genau auf, ob du dich gut konzentrieren konntest oder was dich möglicherweise gestört hat. Dann überlegst du, wie du die Störungen in Zukunft vermindern oder vielleicht sogar ganz abstellen kannst. Und auch das schreibst du auf. Na klar, bei manchem brauchst du dann vielleicht die Hilfe deiner Eltern. Wenn bei euch z. B. ständig jemand klingelt, musst du mit deinen Eltern sprechen, ob die Klingel während deiner Lernzeit ausgestellt werden kann. Wenn du die Störung beheben konntest, kreuzt du später „erledigt“ an. Du darfst dann richtig stolz auf dich sein, dass du es geschafft hast, die Störung abzuschaffen.

Konzentrationscheck

Montag:

Meine Konzentration war heute:
☐ gut
☐ mittel
☐ schlecht

Mich hat gestört: ______________________________

So kann ich Abhilfe schaffen: ______________________________

☐ Erledigt – Störung behoben oder zumindest verringert

Dienstag:

Meine Konzentration war heute:
☐ gut
☐ mittel
☐ schlecht

Mich hat gestört: ______________________________

So kann ich Abhilfe schaffen: ______________________________

☐ Erledigt – Störung behoben oder zumindest verringert

Mittwoch:

Meine Konzentration war heute:
☐ gut
☐ mittel
☐ schlecht

Mich hat gestört: ______________________________

So kann ich Abhilfe schaffen: ______________________________

☐ Erledigt – Störung behoben oder zumindest verringert

Donnerstag:

Meine Konzentration war heute:
☐ gut
☐ mittel
☐ schlecht

Mich hat gestört: ______________________________

So kann ich Abhilfe schaffen: ______________________________

☐ Erledigt – Störung behoben oder zumindest verringert

Freitag:

Meine Konzentration war heute:
☐ gut
☐ mittel
☐ schlecht

Mich hat gestört:

____

____

So kann ich Abhilfe schaffen:

____

____

☐ Erledigt – Störung behoben oder zumindest verringert

4. Wie lernst du am besten auswendig?

Auswendig lernen ist etwas, was die meisten Schüler gar nicht mögen. Aber glücklicherweise gibt es einige Tipps und Tricks, die dir das Auswendiglernen erleichtern. Lies einfach einmal, welche Tipps wir für dich ausgesucht haben, und probiere sie beim nächsten Mal aus.

Lernen von Vokabeln

Hast du beim Lesen dieser Überschrift vielleicht gedacht „Oh nein, bloß keine Vokabeln lernen!“? Klar, wer lernt schon gern endlos lang erscheinende Vokabellisten auswendig? – Niemand! Da das keiner mag, solltest du dir die Vokabeln auf jeden Fall in kleinere Portionen von fünf bis höchstens zehn Vokabeln aufteilen.

REGEL

Du solltest am Tag nicht mehr als höchstens 30 neue Vokabeln lernen, damit hat dein Gehirn genug zu tun.

Wenn du damit fertig bist, die zu lernenden Vokabeln in kleinere Portionen aufzuteilen, dann fängst du an und lernst immer nur eine Portion Vokabeln. Wenn du das Gefühl hast, dass du dir diese gemerkt hast, gehst du zur nächsten Portion über. Und ganz zuletzt gehst du alle Wörter nacheinander durch.

Die Vokabeln, an die du dich dann nicht erinnern konntest, schreibst du auf eine Extraliste und gehst auch diese noch einmal durch.

Lernplakate und Lerncollagen erstellen

Im ersten Kapitel hast du ja bereits etwas über die verschiedenen Lernwege erfahren, unter anderem war vom visuellen Lernen die Rede. Und das kannst du dir beim Vokabellernen zunutze machen.

REGEL

Vokabeln kannst du dir am besten einprägen, wenn du sie mit Bildern verbindest.

Dabei gehst du folgendermaßen vor: Du nimmst dir ein großes Blatt Papier und schreibst darauf die Vokabeln, die du lernen willst. Lasse dabei ausreichend Platz zwischen den Zeilen. Neben jede Vokabel malst du dann den Gegenstand oder das Lebewesen, den oder das die Vokabel ausdrückt. Dieses Plakat hängst du dir an einen Platz, wo du es möglichst oft betrachten kannst.

Wenn du Wörter zu einem ganz bestimmten Themengebiet lernen musst, kannst du daraus eine Lerncollage erstellen, und zwar so: Nehmen wir einmal an, du willst Vokabeln zum Thema Sport lernen. Dann schneidest du aus Zeitschriften die passenden Bilder aus und klebst sie auf ein großes Blatt Papier, die entsprechenden Vokabeln schreibst du daneben. Auch diese Collage hängst du wieder auf. Probier es einmal aus – du wirst dir die Begriffe recht schnell merken können.

TIPP

Schon während du das Plakat oder die Collage erstellst und die Begriffe in Form von Bildern ausschneidest und aufklebst, prägst du dir die Vokabeln ein.

Lernen über den Gehörsinn

Auch den Gehörsinn kannst du nutzen, um Vokabeln zu lernen. Dazu gehst du folgendermaßen vor: Auf einen Kassettenrekorder oder ein anderes Aufnahmegerät sprichst du zuerst das deutsche Wort, lässt dann eine längere Pause und sprichst anschließend das englische/französische/lateinische Wort auf. So gehst du mit allen Vokabeln vor, die du lernen willst.

Dann hörst du die Vokabeln ab, und zwar so: Höre zuerst das deutsche Wort an, dann überlege dir die Übersetzung – dafür hast du die Pause auf dem Band gelassen. Da das fremdsprachige Wort folgt, kannst du kontrollieren, ob deine Übersetzung richtig war.

TIPP

Du kannst die Vokabeln, wenn du sie erst einmal aufgenommen hast, mit dem MP3-Player jederzeit lernen: beim Spazierengehen, im Bus oder wenn du irgendwo warten musst.

REGEL

Lerne Vokabeln auf verschiedene Arten, so kannst du sie dir besser merken und es macht mehr Spaß!

Vokabeln mit Lernkarteien lernen

Vokabeln solltest du nicht erst kurz vor Klassenarbeiten lernen, sondern regelmäßig wiederholen. Du musst nämlich wissen, dass unser Gedächtnis langfristig nur dann etwas behält, wenn wir den Lernstoff in kleineren zeitlichen Abständen immer wieder einmal auffrischen.

REGEL

Wiederhole Vokabeln regelmäßig! Tust du das nicht, ist oft schon nach einem Tag mehr als die Hälfte des Gelernten wieder vergessen.

Eine Lernkartei kann dir dabei behilflich sein, Vokabeln immer wieder zu wiederholen und so auf Dauer zu behalten.

TIPP

Das gilt übrigens nicht nur für Vokabeln. Auch für Fachbegriffe oder Geschichtsdaten kannst du dir eine Lernkartei anlegen.

Lernkarteien kann man kaufen oder auch selbst basteln. Und das geht so: Du nimmst eine Pappschachtel oder einen Schuhkarton, schneidest aus fester Pappe vier Trennwände, die du im Inneren der Kiste festklebst. Dabei musst du darauf achten, dass die Fächer deiner Lernkartei unterschiedlich groß sind. Vom ersten bis zum fünften Fach werden die Fächer immer größer:
Fach 1: 1 cm
Fach 2: 2 cm
Fach 3: 4 cm
Fach 4: 8 cm
Fach 5: 16 cm

Zusätzlich bastelst du dir aus Pappe Karteikärtchen in passender Größe.

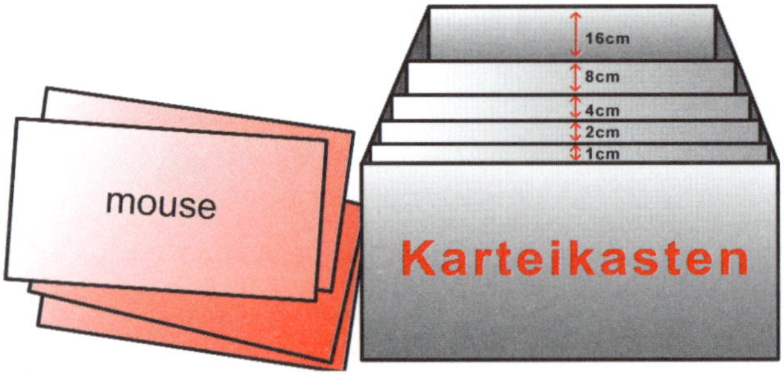

TIPP

Bastele dir deinen Karteikasten selbst, dann bist du noch motivierter, mit ihm zu lernen!

Wenn du deine Karteikarten fertig hast, fängst du an, die Vokabeln auf die Karteikarten zu schreiben. Auf die Vorderseite schreibst du das fremdsprachige Wort, auf die Rückseite schreibst du die Übersetzung. Außerdem solltest du einen Beispielsatz, in dem die Vokabel vorkommt, mit auf die Karte schreiben.

Und so lernst du dann mit deiner Lernkartei: Alle neuen Karten kommen in das erste Fach. Und dann geht es los: Du nimmst dir eine Karte, liest die Vokabel in Ruhe, überlegst dir die Antwort, drehst die Karte um und überprüfst die Antwort. Zuletzt ordnest du die Karte wieder ein. Und zwar so:

Wenn du eine Vokabel aus Fach 1 richtig hast, steckst du die Karte in Fach 2. Wenn du die Vokabel nicht wusstest, steckst du die Karte in das erste Fach zurück. Eine Karte aus Fach 2, deren Antwort du weißt, wandert in Fach 3, weißt du die Antwort nicht, wandert die Karte zurück in Fach 1.
Fach 1 ist das Fach, das du dir täglich vornimmst. Dort kommen alle neuen und nicht mehr gewussten Vokabeln hinein. Bearbeite es wirklich täglich, das ist sehr wichtig! Alle anderen Fächer bearbeitest du immer dann, wenn sie voll sind. Du wiederholst somit die Vokabeln in immer größeren Abständen.

REGEL

Vokabeln aus Fach 1 deiner Lernkartei lernst du täglich!

TIPP

Wenn du für zwei Fremdsprachen Vokabeln lernen musst, erstelle dir zwei separate Lernkarteien, sonst kommst du durcheinander!

Warum ist eine Lernkartei zum Vokabellernen sinnvoll? Mithilfe einer Lernkartei lernst du deine Vokabeln so oft wie nötig. Vokabeln, die du schon gut kennst, wandern einfach nach hinten. Mit ihnen musst du dich nicht mehr so intensiv beschäftigen. Die anderen, die du noch nicht gut kennst, wirst du dir im Laufe der Zeit ebenfalls einprägen, da du sie ja regelmäßig wiederholst.

TIPP

Lerne Vokabeln mit der Lernkartei mit einer Freundin oder einem Freund zusammen, dann könnt ihr euch gegenseitig abhören und korrigieren!

Lernen mit der Loci-Technik

Was ist das denn jetzt schon wieder? Also, die Loci-Technik wird auch als „Methode der Orte" bezeichnet. Der Begriff stammt nämlich von dem lateinischen Wort „locus" ab und das heißt „Ort" oder „Platz". Diese Technik eignet sich dafür, sich eine ganze Reihe von Begriffen zu merken.

Und das funktioniert folgendermaßen: Du denkst z. B. an einen Weg, den du gut kennst, also vielleicht an deinen Schulweg. Du gehst ihn in Gedanken

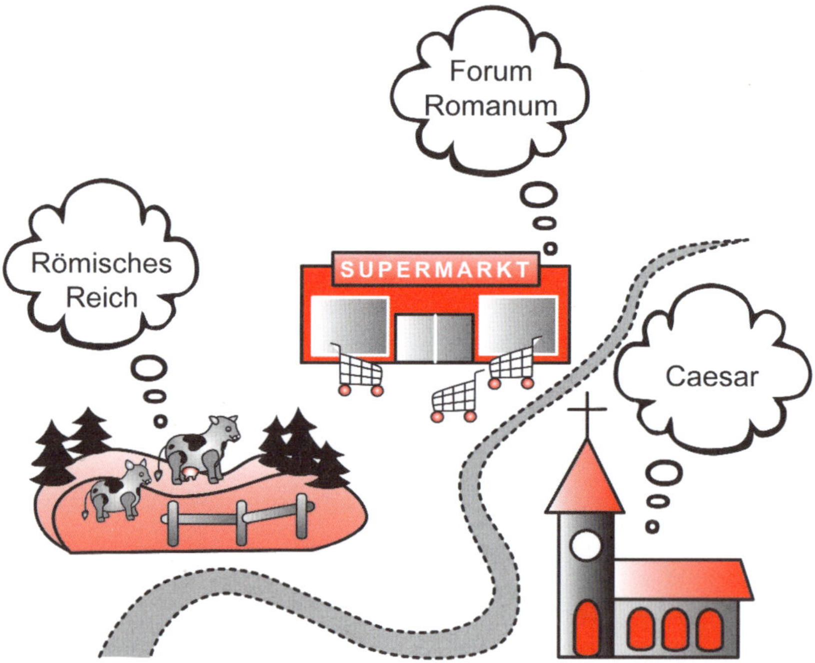

durch und suchst dir bestimmte Orte aus, an denen dein Schulweg vorbeiführt. Nehmen wir einmal an, du kommst an einer Wiese vorbei, auf der im Sommer immer Kühe weiden, danach führt dein Weg an einer Kirche vorbei und schließlich noch an einem Supermarkt. Da sind außerdem ein Kindergarten und ein Freibad.

Nun nimmst du die Begriffe, die du dir merken willst und verbindest sie geistig mit den Punkten, die an der Strecke liegen. Also beispielsweise: Kuhweide = Römisches Reich, Kirche = Caesar usw. Ganz wichtig ist dabei, dass du dir die Dinge bildlich vor Augen führst. Du solltest dir also den Supermarkt vorstellen und dann die Verbindung zu dem Begriff, den du lernen willst, bilden. Wenn du dich dann später an die Begriffe erinnern willst, stellst du dir einfach wieder die Orte vor und dein Gehirn liefert dir recht schnell den Begriff, den du suchst.

TIPP

Statt einen Weg zu nehmen und dort Orte auszusuchen, kannst du dir auch einfach dein Kinderzimmer vornehmen und dir dort bestimmte Punkte herauspicken – CD-Player, Bett oder Schreibtisch etwa – und damit die Begriffe lernen. Du gehst dabei genauso vor wie oben beschrieben.

Warum funktioniert die Loci-Technik so gut? Du hast ja schon gelernt, dass der Mensch immer dann besonders gut lernt, wenn viele Sinne an dem Lernvorgang beteiligt sind. Wenn man mit der Loci-Technik Zahlen, Daten oder Fakten lernt, indem man sie mit Bildern verknüpft, dann arbeiten beide Gehirnhälften zusammen und das Gedächtnis kann so mehr leisten.

8 **Damit du die Loci-Technik einmal ausprobieren kannst, gibt es jetzt die folgende Übung.**

Stelle dir einen kurzen Weg vor, den du gut kennst. Führe ihn dir so genau wie möglich vor Augen. Suche acht besondere Orte dieses Weges aus, an denen du immer wieder in der gleichen Reihenfolge vorbeikommst. Stelle sie dir mehrmals hintereinander genau vor und spreche die Namen der Orte laut aus. Wenn du die Orte ein paar Mal durchgegangen bist, dann verbinde diese mit folgenden Wörtern bzw. Vorgängen:
Liebeskummer
Kirmes
Marmeladenglas
Lachen
Hausaufgaben
Kinobesuch
Haare schneiden
Computerabsturz

Wiederhole die Übung so oft, bis du die Begriffe ohne Probleme mit den verschiedenen Orten verbinden und dann wiedergeben kannst!

Die Ketten-Technik

Eine weitere Möglichkeit, sich Begriffe und Zahlen besser zu merken, ist es, diese in Geschichten zu verpacken. Wenn du dir z. B. die Begriffe
Birne
Turnschuh
Stuhl
Uhr
Bahngleis
Zeitschrift
merken willst, dann kannst du dich leichter an sie erinnern, wenn du sie in eine Geschichte einbaust. Also etwa so:

„Eine Birne“, das wäre jetzt total lecker, dachte sich Lisa, während sie sich den Turnschuh zuband. Wo war jetzt nur der zweite Turnschuh? Ah ja, da unter dem Stuhl. Während sie ihn holte, blickte sie kurz auf die Uhr. Oh je, schon so spät, dabei sollte sie doch ihre Freundin in einer halben Stunde am Bahnhof auf Bahngleis 4 abholen. Und vorher wollte sie doch auch noch eine Zeitschrift kaufen. Jetzt aber schnell!

TIPP

Schreibe deine Geschichte auf und merke dir den Verlauf! So kannst du dir die Wörter dann auch in der richtigen Reihenfolge merken.

9 Übe die Ketten-Technik mit folgenden Begriffen.

Hund
Apfelmus
Auto
Milch
Schule

TIPP

Wenn du diese Techniken übst, kannst du auch bei Merk-Spielen vor deinen Freunden so richtig glänzen! Hast du dich nicht auch schon mal gewundert, warum du dir bei dem Spiel „Ich packe meinen Koffer“ so viele Begriffe merken kannst? Das funktioniert ähnlich: Du verbindest die Begriffe mit den Gesichtern deiner Klassenkameraden und kannst sie dir deshalb viel besser merken als ohne bildliche Hilfe.

5. Wie lernst du, Texte zu verstehen?

Diese Situation kennst du sicherlich: Du musst einen neuen, dir fremden Text lesen und verstehen. Und dir ist ein bisschen mulmig zumute. Vielleicht ist der Text länger, als dir lieb ist, oder du liest allgemein nicht so gern. Außerdem sind da immer so viele neue Informationen drin ...
Was also tun? Auch beim Lesen und Verstehen von Texten gibt es hilfreiche Tipps, die du in diesem Kapitel findest. Du musst sie nur noch – genau – lesen!

Text in Abschnitte unterteilen und Überschriften finden

Zunächst einmal überfliegst du den Text. Das heißt, du liest den Text nicht sehr intensiv und verschaffst dir einen Überblick, worum es überhaupt geht. Danach überlegst du, ob du den Text in bestimmte Abschnitte unterteilen kannst. Manchmal ist ein Text ja schon selbst in Abschnitte unterteilt, das hilft dir dann dabei. Vielleicht findest du aber noch kleinere Abschnitte.
Dann überlegst du, welche Überschriften du deinen Abschnitten geben kannst. Diese sollen in Kürze das zusammenfassen, worum es in dem jeweiligen Abschnitt geht.

Nachdem du den Text einmal überflogen hast, kannst du, wenn du ihn das zweite Mal liest, die wichtigsten Informationen auch unterstreichen. Manchmal sind auch Wörter schon fett oder kursiv gedruckt, das sind dann besonders wichtige Begriffe, die man auch „Schlüsselbegriffe“ nennt. Die kannst du dir dann noch einmal extra markieren.

10 **Probiere es mit diesem Text über Hauskaninchen aus.**

Überfliege ihn zuerst, suche dann Abschnitte heraus und gebe ihnen Überschriften. Zuletzt markiere dir die wichtigsten Begriffe sowie Satzteile und schreibe sie heraus.

Übungstext: Das Hauskaninchen

Bestimmt hast du schon einmal ein Hauskaninchen gesehen. Vielleicht hast du sogar selbst eines? Das Hauskaninchen wird zirka 40 Zentimeter groß und wiegt um die zwei Kilogramm. Du erkennst ein Hauskaninchen an seinem kleinen buschigen Schwanz und den langen schmalen Ohren. Mit seinen kräftigen Hinterbeinen kann es fröhlich hoppeln. Es gibt einfarbige und gescheckte Kaninchen. Die einfarbigen können braun, grau, weiß oder schwarz sein. Gescheckte Kaninchen gibt es in denselben Farben, aber eben gescheckt.
Kaninchen leben in Gruppen und verständigen sich untereinander durch Duftstoffe, Laute und durch Körpersprache: Um sein Revier zu markieren, setzt das Kaninchen Urin und Kot ab. Am Kinn des Tieres befinden sich außerdem Duftdrüsen, mit denen es einen Duftstoff ausscheidet. Wenn Kaninchen sich treffen, dann beschnuppern sie sich. So stellen sie fest, ob das Gegenüber zur eigenen Gruppe gehört. Ein Kaninchen warnt seine Artgenossen vor Gefahr, indem es mit einem seiner Hinterbeine schnell auf den Boden stampft. Hat das Tier Todesangst, stößt es einen sehr hellen, hohen Schrei aus. Aber ein Kaninchen kann sich auch freuen: Es hüpft dann übermütig herum. Und solltest du einmal sehen, dass ein Kaninchenmännchen im Kreis um ein weibliches Kaninchen hüpft, dann heißt das: Es ist verliebt.

Text in Bilder übersetzen

Hilfreich ist es außerdem, wenn du den Text in Bilder übersetzt. Das bedeutet, dass du versuchst, dir das Gelesene bildlich vorzustellen. Denn wenn du es dir bildlich vorstellen kannst, kannst du es leichter verstehen und behalten. Unterstützen kannst du diesen Effekt, wenn du eine Skizze oder ein Bild zu dem Text anfertigst.

11 **Stelle dir den Inhalt des folgenden Textes in Gedanken bildlich vor oder fertige eine Skizze dazu an.**

Übungstext: Das verkehrssichere Fahrrad

Wenn du mit deinem Fahrrad im Straßenverkehr unterwegs bist, dann sollte dieses unbedingt verkehrssicher sein. Ein Fahrrad muss folgende Ausstattung haben, um als verkehrssicher eingestuft zu werden: Es muss eine weiße Frontleuchte besitzen sowie eine rote Schlussleuchte. Hinten am Gepäckträger muss sich ein roter Großflächenreflektor befinden. Unter der Schlussleuchte muss zudem ein roter Rückreflektor angebracht sein. Dazu kommt unter der Frontleuchte ein großer weißer Frontreflektor. Pro Rad müssen zwei Speichenreflektoren angebracht sein und pro Pedal zwei Pedalreflektoren. Unerlässlich sind außerdem zwei von einander unabhängige Bremsen für das Vorder- und Hinterrad sowie eine Klingel.

Fragen zum Text stellen

Auch kannst du einen Text besser erschließen, wenn du Fragen zu dem Text stellst und diese dann beantwortest. Am besten verwendest du dafür die sogenannten „W-Fragen“:

- Was?
- Wer?
- Wo?
- Wie?
- Wann?
- Warum?

Wenn es mehrere Abschnitte gibt, stellst du dir am besten zu jedem Abschnitt die Fragen. Die Antworten schreibst du in Stichwörtern auf.

12 **Lies den folgenden Übungstext, stelle die entsprechenden „W-Fragen“ und beantworte sie stichwortartig.**

Übungstext: Klassenfahrt

Die Klasse 5a der Realschule Fuchsstadt fuhr im vergangenen Monat mit dem Zug auf Klassenfahrt nach München. Dort wohnten die Schülerinnen und

Schüler drei Tage in einer Jugendherberge. Nachdem sie am zweiten Tag ihrer Reise bei einer Stadtrundfahrt viele Sehenswürdigkeiten bestaunt hatten, besuchten sie den Zoo und den Englischen Garten.
Auch in der Jugendherberge hatten die 25 Schülerinnen und Schüler jede Menge Spaß, z. B. in der Disco am letzten Abend.
Die Klasse hatte sich München als Ziel für ihre Klassenfahrt ausgesucht, weil keiner zuvor die Stadt besucht hatte.

Text nacherzählen

Eine weitere Methode, Texte besser zu verstehen und den Inhalt zu behalten, ist folgende: Erzähl den Text, den du gelesen hast, mit deinen eigenen Worten nach. Auch hier ist es sinnvoll, wenn du erst einmal abschnittsweise vorgehst – in kleineren Portionen also. Später kannst du dann alles auf einmal nacherzählen. Bei deinem Vortrag merkst du sehr schnell, wo du noch Lücken hast und also noch einmal nachlesen solltest.

TIPP

Trage deine Nacherzählung einer anderen Person vor. Diese kann dann Nachfragen stellen und du musst alles ein zweites Mal erklären. Dabei lernst du dann noch einmal.

13 **Und hier kommt ein Text zum Nacherzählen. Bevor du ihn nacherzählst, solltest du dir Fragen zum Text stellen und beantworten.**

Übungstext: Die Addaxantilopen

Die Addaxantilopen leben in der Wüste. Sie haben kurzes, gelbbraunes bis gelblich weißes Fell, während die Oberseite ihres Kopfes dunkelbraun ist. Die Addaxantilopen erreichen bis zu 1,15 Meter Schulterhöhe. Damit die Tiere nicht im Sand versinken, haben sie sehr breite Hufe, die sie spreizen können. Man erkennt die Addaxantilopen außerdem an ihren langen und gewundenen Hörnern. Während des Tages liegen die Tiere im Schatten in Sandkuhlen, die sie sich selbst graben. So können sie die Hitze der Wüste besser ertragen. Nachts ziehen sie auf der Suche nach Nahrung umher. Wenn die Addaxantilopen Pflanzen fressen, dann können sie das in der Nahrung enthaltene Wasser so gut verwerten, dass sie kein Wasser trinken müssen, um zu überleben.

Die Fünf-Gang-Lesetechnik

Die eben vorgestellten Methoden vereint die Fünf-Gang-Lesetechnik. Auch sie hilft dir dabei, Texte besser zu verstehen und sie in deinem Gedächtnis fester zu verankern. Sie funktioniert so:

1. Als erstes überfliegst du den Text, das heißt, du liest ihn relativ schnell und noch nicht besonders intensiv. Trotzdem solltest du schon erkennen, um welches Thema es sich handelt. Vor allem Überschriften und Untertitel im Text sagen dir schon etwas genauer, worum es geht.

2. Jetzt formulierst du Fragen zu dem Text. Stelle dir „W-Fragen“: Wer? Wo? Wann? Was? Wie? Am besten formulierst du passende Fragen zu jedem Abschnitt. Versuche dann, zu jedem Abschnitt eine entsprechende Überschrift zu finden.

3. Schritt eins und zwei dienten dir zur Vorbereitung für diesen Schritt. Jetzt liest du jeden Abschnitt ganz konzentriert und gründlich. Dabei versuchst du, Antworten auf die Fragen zu finden, die du dir vorher aufgeschrieben hast. Wenn der Text länger ist, solltest du zwischendurch Pausen machen!

4. Nun denkst du noch einmal über den ganzen Text nach. Überlege, welche Teile, Begriffe oder Gedanken, die in deinem Text vorkommen, besonders

wichtig sind. Diese schreibst du auf. Punkte, die zusammengehören, markierst du und verbindest sie miteinander.

5. Zum Schluss gehst du deine Notizen noch einmal durch. Mit ihrer Hilfe trägst du den Inhalt des Textes laut vor und gibst damit mit deinen eigenen Worten die Informationen wieder, die du aus dem Text gezogen hast.

Das kommt dir jetzt sehr zeitaufwendig vor? Nun, sicherlich, dafür brauchst du schon eine gewisse Zeit. Aber dafür wirst du Texte auf diese Art wesentlich besser verstehen und dir den Inhalt auch besser merken können, als wenn du sie einfach nur durchliest.

14 Oh, die Arbeitsschritte wurden durcheinandergebracht – schreibe sie in der richtigen Reihenfolge auf.

1. Text gründlich lesen und Antworten auf Fragen finden
2. Wichtiges aufschreiben
3. Fragen zum Text stellen und Abschnitten Überschriften geben
4. Text mit eigenen Worten wiederholen
5. Text überfliegen

Fünf-Gang-Lesetechnik in richtiger Reihenfolge:

1. ______________________________

2. ______________________________

3. ______________________________

4. ______________________________

5. ______________________________

15 **Nun kannst du die Fünf-Gang-Lesetechnik an einem Übungstext ausprobieren. Prüfe vorher, ob du die Arbeitsschritte bei Aufgabe 14 in die richtige Reihenfolge gebracht hast.**

Übungstext: Wie eine Erkältung entsteht

Spätestens im Herbst ist es wieder so weit: Es kratzt im Hals oder juckt in der Nase – eine Erkältung ist auf dem Vormarsch. Aber wie genau entsteht so eine Erkältung eigentlich? Für eine Erkältung sind Erkältungsviren verantwortlich. Ein Virus ist ein Krankheitserreger, der uns Menschen als sogenannten „Wirt“ zum Leben braucht: Es kann nur in einer menschlichen Zelle überleben. Meistens wird das Virus durch kleinste Tröpfchen, die durch Niesen oder Husten verbreitet werden, von einem Menschen zum anderen übertragen. Hat sich ein Virus in einer menschlichen Zelle eingenistet, wird es einfach mitvermehrt, wenn sich die menschliche Zelle vermehrt. So entstehen immer mehr Viren und die können dann die Krankheit auslösen.
Glücklicherweise gibt es aber unser Immunsystem, das die Viren bekämpfen kann. Der Körper stellt dabei Antikörper her, die die Viren beseitigen. Das kann natürlich auch einmal etwas länger dauern: Manchmal dauert es zwei Wochen, bis unser Körper die Erkältung wieder vollständig ausgeheilt hat. Schlecht ist es nur, wenn unser Immunsystem nicht richtig funktioniert, weil es geschwächt ist. Aber auch dagegen kann man etwas tun: Gesunde Ernährung, Bewegung an der frischen Luft und Entspannungsmethoden können dazu beitragen, das Immunsystem fit zu halten. Einer Erkältung kannst du außerdem vorbeugen, indem du dir öfters am Tag die Hände wäschst, denn auch über einen Händedruck können die Viren übertragen werden.

So kannst du dich beim Lesen konzentrieren

Egal, welche Lesetechnik du bevorzugst, in jedem Fall ist Folgendes wichtig:

Du benötigst ausreichend Licht zum Lesen. Denn sonst musst du schon zum Sehen sehr viel Kraft aufwenden, die du doch eigentlich zum Lesen und Verstehen brauchst.

Du solltest darauf achten, dass du richtig sitzt und eine gute Haltung einnimmst: Versuche, gerade zu sitzen und dich nicht über den Schreibtisch zu beugen. Denn wenn du gebeugt sitzt, dann sind Schultern und Nacken gekrümmt und das führt zu Verspannungen. Und davon kannst du Nacken- und Kopfschmerzen bekommen.

Vermeide Ablenkung! Ein blinkender Bildschirmschoner oder der laufende Zeiger deiner Armbanduhr können dich ablenken. Verbanne also alle optischen Reize aus deiner Lese-Umgebung.

Motivation ist auch beim Lesen wichtig. Wenn du gar keine Lust mehr hast, weiterzulesen, lege besser eine Pause ein und lese erst danach weiter.

Nimm dir Zeit beim Lesen! Denn wenn du durch den Text hetzt, dann verstehst du nur sehr wenig von dem Gelesenen. Und hinterher musst du umso mehr Zeit aufwenden, um dir irgendetwas merken zu können – und musst den Text dazu noch viel öfter lesen. Schneller geht es, wenn du dir von Beginn an Zeit lässt!

6. Wie merkst du dir das Gelernte?

Da hast du gerade mit viel Mühe etwas Neues gelernt und – schwuppdiwupp – hast du es auch schon wieder vergessen. Wenn das nicht ärgerlich ist! Klar, das ist es, aber es ist auch ganz normal. Das geht jedem so, wenn er seinen Lernstoff nicht regelmäßig wiederholt. Auch hier müssen wir also in unsere Trickkiste greifen.

Immer wieder wiederholen

Mit dem Merken verhält es sich so: Wenn du Informationen über längere Zeit behalten willst, müssen sie in deinem Langzeitgedächtnis verankert werden. Und das geht nur, wenn du den Lernstoff regelmäßig wiederholst.

Wissenschaftler haben herausgefunden, dass Menschen schon nach 30 Minuten etwa die Hälfte des neu Gelernten vergessen haben. Am nächsten Tag haben sie sogar noch mehr vergessen. Dabei kommt es allerdings darauf an, was man lernt. Etwas, wofür du dich interessierst, behältst du im Vergleich besser als Dinge, für die du kein Interesse aufbringst.

Auf jeden Fall aber gilt: Wenn du etwas Neues gelernt hast, dann ist es am besten, wenn du es schon nach einigen Stunden oder spätestens am nächsten Tag wiederholst. Dann wiederholst du es noch einmal nach mehreren Tagen. Danach kannst du ein bisschen länger warten – zirka eine Woche lang –, bis du deinen Lernstoff erneut wiederholst. Das Ganze machst du so lange, bis der Lernstoff „sitzt“, das heißt, bis du dir alles gemerkt hast.

REGEL

Neuen Lernstoff musst du öfters wiederholen, damit du ihn dir wirklich merken kannst.

TIPP

„Das geht doch gut mit der Lernkartei!“, hast du das jetzt gerade gedacht? Ja, genau, mit deiner Lernkartei kannst du Neues prima wiederholen.

Lernen in Portionen

Beim Lernen ist es auch wichtig, dass du dich mit deinem Lernstoff nicht überforderst und dir nicht zu viel zumutest. Das heißt, du solltest nicht zu viel auf einmal lernen. Es ist deswegen besser, wenn du dir deinen Lernstoff in kleinere Portionen aufteilst. Und nach einer „Portion Lernen“ machst du eine kleine Pause. Das hilft dann noch einmal mehr, das Gelernte besser zu behalten. Warum Pausen sehr nützlich sind, weißt du ja inzwischen schon. Vergessen? Du kannst es auf Seite 19 noch einmal nachlesen.

Und wie teilst du deine Aufgaben am besten in Portionen ein? Nun, erst einmal schaust du, was du an dem jeweiligen Tag alles erledigen musst. Dann teilst du die Aufgaben in Portionen ein. Eine Portion kann z. B. aus einem Fach bestehen.
Aber es kann auch sein, dass du für ein Fach mehrere verschiedene Aufgaben erledigen musst. Dann kannst du ein Fach auch in mehrere Portionen teilen. Wenn die Aufgaben eng zusammenhängen wie lesen und Fragen beantworten, kannst du sie auch als eine Portion sehen. Es sei denn, es handelt sich um einen sehr langen Text und viele Fragen.
Jede Aufgabe, das heißt jede Portion, schreibst du anschließend auf einen Zettel. Die Zettel heftest du z. B. an deine Pinnwand oder du klebst sie mit Post-its in einer Reihe oben an deinen Schreibtisch. Jedes Mal, wenn du eine Portion erledigt hast, nimmst du einen Zettel und wirfst ihn glücklich weg.

Natürlich wird dadurch die Arbeit insgesamt nicht weniger, aber du kannst sie besser überblicken und fühlst dich weniger überfordert. Und du hast jedes Mal ein kleines Erfolgserlebnis, wenn du wieder eine Aufgabenportion geschafft hast und den Zettel wegwerfen kannst. Wenn du dann noch kleine Pausen zwischen deinen Aufgaben machst, hilfst du deinem Gehirn, optimal zu lernen und das Gelernte zu behalten.

REGEL

Teile deine Aufgaben in Portionen auf – dann lernt es sich leichter!

16 Teile die Hausaufgaben von Marie in Portionen ein.

Und das steht in Maries Hausaufgabenheft:

- Deutsch: Text lesen und Fragen dazu aufschreiben
- Englisch: Vokabeln lernen, Lückentext ausfüllen
- Bio: S. 23 lesen und Fragen beantworten
- Kunst: Bild zu Ende malen

Portion 1: ______________________________

Portion 2: ______________________________

Portion 3: ______________________________

Portion 4: ______________________________

17 Und jetzt du! Teile deine nächsten Hausaufgaben in Portionen ein.

Meine Hausaufgaben:

____

____

____

In Portionen:

Portion 1: ______________________________

Portion 2: ______________________________

Portion 3: ______________________________

Portion 4: ______________________________

Verbindungen schaffen mit anderen Dingen, die du schon gelernt hast

Bevor du damit beginnst, ein neues Thema zu lernen, solltest du erst einmal überlegen, was du über dieses schon weißt. Vielleicht hast du schon einmal etwas darüber im Fernsehen gesehen oder in der Zeitung gelesen oder eine Freundin / ein Freund hat dir etwas darüber erzählt.
Wenn du nämlich schon etwas über das Thema wüsstest, dann könnte sich der neue Lernstoff sozusagen automatisch mit dem, was du schon weißt, in deinem Gehirn verbinden. Und dann würde es dir leichterfallen, das Neue hinzuzulernen.

REGEL

Schaffe bei neuem Lernstoff Verbindungen zu dem Lernstoff anderer Fächer.

Wenn du verschiedene Sprachen lernst, kannst du z. B. die verschiedenen Grammatiken miteinander vergleichen.

Wenn du etwas Neues im Fach Geschichte lernst, dann könntest du dich fragen, ob du über diese Epoche schon etwas im Fach Deutsch gehört hast. Es könnte ja sein, dass du schon einmal eine Geschichte gelesen hast, die genau zu dieser Zeit spielt.

Das funktioniert natürlich auch andersherum: Wenn du ein Buch liest, das zu einer bestimmten Zeit, z. B. im 19. Jahrhundert, spielt, dann erinnerst du dich, dass du von dieser Zeit ja schon einmal in Geschichte gehört hast. Und schon hast du eine viel bessere Vorstellung von dem Beschriebenen und merkst es dir auch.

Oder ihr habt in Kunst schon Bilder angesehen und besprochen, die aus dieser Zeit stammen. Vielleicht waren das sogar Bilder, auf denen genau das dargestellt war, was ihr nun gerade im Fach Geschichte besprecht. All das hilft dir, den Lernstoff besser zu behalten.

Persönliche Erfahrungen einbringen

Bei einigen Themen kann es auch nützlich sein, wenn du überlegst, ob du schon einmal Erfahrungen gemacht hast, die mit dem Thema zusammenhängen. Denn wenn man einen persönlichen Bezug zu etwas hat, kann man es besser behalten.

Nehmen wir einmal an, es geht im Biologie-Unterricht um das Verhalten von Hunden. Vielleicht hast du selbst einen Hund oder es gibt zumindest einen in deiner Nachbarschaft, mit dem du hin und wieder spielst. Dann kannst du dich möglicherweise an die ein oder andere Verhaltensweise erinnern, die dir beim Lernen hilfreich sein kann.

REGEL

Frage dich, welche Erfahrungen du gemacht hast, die mit dem zu lernenden Thema zusammenhängen.

Ganz ähnlich ist es mit persönlichen Meinungen. Wenn du zu einem Thema eine bestimmte Meinung hast, wird dir viel eher etwas einfallen, was auch eine Bedeutung für den Lernstoff haben kann. Habe keine Scheu, auch im Unterricht deine Meinung zu einem bestimmten Sachverhalt zu äußern. Denn wenn man sich mit Dingen auseinandersetzt und an ihnen interessiert ist, auch dann kann man sie leichter lernen.

REGEL

Frage dich, welche Meinung du zu einem bestimmten Thema hast. Denn so setzt du dich mit diesem auseinander – und lernst.

Im Alltag anwenden

Es hilft dir beim Lernen und Merken, wenn du den Lernstoff auch im Alltag anwendest – und es macht auch noch Spaß.

Bei manchen Fächern ist das ganz einfach. So z. B. bei Sprachen: Du kannst dich mit einer Freundin oder einem Freund einmal einen Nachmittag auf Englisch unterhalten. Warum eigentlich nicht? Probier es einfach einmal aus. Du hörst gerne Musik, meist englische? Dann übersetze doch einfach einmal deinen Lieblingssong von der englischen in die deutsche Sprache. Das hat den weiteren Nutzen, dass du dann auch weißt, wovon er handelt.
Deine Englischkenntnisse kannst du außerdem prima verbessern, wenn du dir Filme auf DVD oder Video in englischer Sprache ausleihst und anschaust. Manchmal läuft auch ein Kinofilm in englischer Sprache.
Besonders gut ist es natürlich, wenn du im Urlaub deine Sprachkenntnisse einsetzen kannst. Solltest du einmal im Urlaub in England oder im Ausland sein, überwinde deine Scheu und versuche, auf Englisch zu sprechen. Du wirst merken, dass es dir sehr bald leichterfallen wird.

Auch Mathematik kannst du im Alltag anwenden, bei ganz alltäglichen Dingen. Nehmen wir an, du kaufst in einem Supermarkt ein und musst an der Kasse warten. Das ist eine gute Gelegenheit, ein bisschen Kopfrechnen zu üben: Überschlage, wie viel du wohl zahlen musst. Dein Überschlagsergebnis kannst du dann wunderbar mit dem tatsächlichen Betrag vergleichen. Wenn die Schlange an der Kasse sehr lang ist, kannst du natürlich auch mal ausprobieren, das genaue Ergebnis auszurechnen.

Zum Rechnen gibt es noch viele weitere Gelegenheiten: Wenn du mit deinen Eltern z. B. in einem Restaurant oder Café bist, auch dann kannst du ausrechnen, was ihr bezahlen müsst – schon bevor die Bedienung es tut. So trainierst du ganz nebenbei deine Rechenfähigkeiten. Das kann manchmal richtig nützlich sein: Wenn die Bedienung oder die Kassiererin sich zu euren Ungunsten verrechnet, dann sparst du auch noch Geld dabei!

Eine weitere Form der Anwendung von Lernstoff im Alltag ist die folgende: Wenn ihr im Biologieunterricht gerade über gesunde Ernährung gesprochen habt, dann koch doch mal gemeinsam mit Freunden etwas Gesundes! Das macht dann auch noch richtig Spaß.

REGEL

Versuche, möglichst viele Themen, die ihr zurzeit im Unterricht behandelt, im Alltag anzuwenden.

Wie du siehst, gibt es eine Menge Tipps, die dir helfen können, Gelerntes besser zu behalten. Und das ist doch ganz schön erfreulich, oder? Nun musst du sie nur noch anwenden. Das gilt natürlich nicht nur für die Tipps in diesem letzten Kapitel, sondern für alle Tipps und Regeln in diesem Buch.

Du musst ja nicht alle gleichzeitig ausprobieren! Nein, das wäre wirklich zu viel. Teste sie doch nacheinander in aller Ruhe einmal aus. Du könntest dir z. B. vornehmen, jeden Tag eine neue Regel oder einen neuen Tipp auszuprobieren und anzuwenden. Mach dir am besten eine Liste mit allen Regeln und Tipps. Und jedes Mal, wenn du eine Regel oder einen Tipp erprobt hast, machst du dir dahinter einen dicken Haken oder einen Smiley. Dabei kannst du dich dann wirklich selbst loben! Viel Spaß und Erfolg dabei!

Lösungen

Aufgabe 2

Aufgabe 3

In dem Buchstabengitter sind folgende Obstsorten versteckt: Banane, Apfel, Traube, Nektarine, Kiwi, Birne, Pflaume, Kirsche

B	N	I	O	L	M	T	L	I	0
R	A	U	U	T	R	A	U	B	E
J	U	N	A	U	E	R	A	K	P
T	B	K	A	P	F	E	L	O	P
W	R	I	I	N	E	Z	P	E	F
S	A	R	R	W	E	I	M	I	L
E	S	S	U	N	I	A	U	E	A
C	O	C	G	N	E	W	A	U	U
R	I	H	A	U	I	T	E	K	M
A	N	E	K	T	A	R	I	N	E

Aufgabe 4

 Jonas

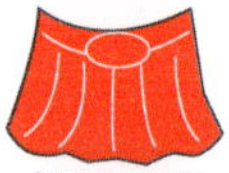 Lisa

 Max

 Marie

 Paul

Aufgabe 9

Die Geschichte zu den Wörtern könnte so lauten:
Nachdem der Hund das Apfelmus gefressen hatte, sprang er ins Auto. Dort zerbiss er die Milch(-tüte), die Maja aus der Schule mitgebracht hatte.

Aufgabe 10

Der Text ist bereits in zwei Abschnitte eingeteilt. Diesen solltest du folgen und den Text also in diese zwei Abschnitte unterteilen. Den ersten kannst du **„Das Aussehen des Hauskaninchens“** nennen. Den zweiten kannst du mit **„Die Sprache des Hauskaninchens“** überschreiben. Die wichtigsten Wörter und Satzteile sind jetzt kursiv gedruckt. Die könntest du dir auch noch herausschreiben.

Das Aussehen des Hauskaninchens

Bestimmt hast du schon einmal ein Hauskaninchen gesehen. Vielleicht hast du sogar selbst eines? Das Hauskaninchen wird zirka *40 Zentimeter groß* und wiegt um die *zwei Kilogramm*. Du erkennst ein Hauskaninchen an seinem *kleinen buschigen Schwanz* und den *langen schmalen Ohren*. Mit seinen *kräftigen Hinterbeinen* kann es fröhlich hoppeln. Es gibt *einfarbige* und *gescheckte* Kaninchen. Die einfarbigen können *braun, grau, weiß oder schwarz* sein. Gescheckte Kaninchen gibt es in denselben Farben, aber eben gescheckt.

Die Sprache des Hauskaninchens

Kaninchen leben in *Gruppen* und *verständigen sich* untereinander *durch Duftstoffe, Laute und durch Körpersprache:* Um sein Revier zu markieren, setzt das Kaninchen *Urin und Kot* ab. Am *Kinn des Tieres befinden sich außerdem Duftdrüsen,* mit denen es einen Duftstoff ausscheidet. *Wenn Kaninchen sich treffen, dann beschnuppern sie sich.* So stellen sie fest, ob das Gegenüber zur eigenen Gruppe gehört. Ein Kaninchen *warnt seine Artgenossen vor Gefahr, indem es mit einem seiner Hinterbeine schnell auf den Boden stampft.* Hat das Tier *Todesangst, stößt es einen sehr hellen, hohen Schrei aus.* Aber ein Kaninchen kann sich auch *freuen*: Es *hüpft* dann *übermütig herum.* Und solltest du einmal sehen, dass ein *Kaninchenmännchen im Kreis um ein weibliches Kaninchen hüpft, dann heißt das: Es ist verliebt.*

Aufgabe 11

Deine Skizze von einem Fahrrad sollte alle aufgeführten Teile enthalten:

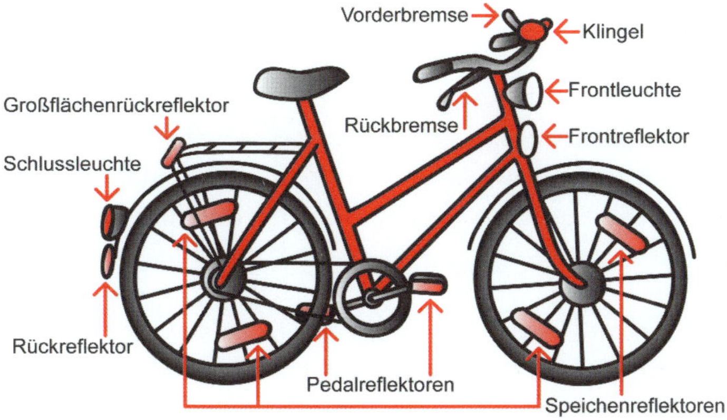

Aufgabe 12

● **Was ist passiert?**	→	Eine Klassenfahrt
● **Wer ist auf Klassenfahrt gefahren?**	→	Die Klasse 5a der Realschule Fuchsstadt
● **Wohin?**	→	Nach München
● **Wo war die Unterkunft?**	→	In der Jugendherberge
● **Womit ist die Klasse nach München gefahren?**	→	Mit dem Zug
● **Was ist genau passiert?**	→	Stadtrundfahrt, Sehenswürdigkeiten, Zoo, Englischer Garten, Disco
● **Wann?**	→	Letzten Monat
● **Warum?**	→	München als Ziel, weil noch keiner vorher dort war

Aufgabe 13

Du könntest dir folgende Fragen zum Text stellen. Wenn du auf diesen aufbaust, sollte dir die Nacherzählung leichtfallen.

● **Wo leben die Addaxantilopen?**	→	In der Wüste.
● **Wie sehen sie aus?**	→	Sie erreichen bis zu 1,15 Meter Schulterhöhe, haben gelbbraunes bis gelblich weißes Fell, einen dunkelbraunen Fleck auf dem Schädel und sie haben gewundene Hörner. Sie haben sehr breite Hufe, die sie spreizen können, um nicht im Sand zu versinken.
● **Wann ruhen sie, wann sind sie aktiv?**	→	Tagsüber ruhen sie im Schatten, nachts ziehen sie umher auf der Suche nach Nahrung.

- **Wie ernähren sie sich?** → Sie ernähren sich von Pflanzen.
- **Warum brauchen sie kein Wasser, um zu überleben?** → Weil sie das Wasser aus den Pflanzen so nutzen können, dass sie nichts trinken müssen.

Aufgabe 14

Die richtige Reihenfolge ist:
1. Text überfliegen
2. Fragen zum Text stellen und Abschnitten Überschriften geben
3. Text gründlich lesen und Antworten auf Fragen finden
4. Wichtiges aufschreiben
5. Text mit eigenen Worten wiederholen

Aufgabe 15

1. Wenn du die Fünf-Gang-Lesetechnik auf den Übungstext über Erkältungen anwendest, dann überfliegst du den Text zuerst und stellst fest, dass es darum geht, wie eine Erkältung entsteht.
2. Im zweiten Schritt stellst du dir zunächst Fragen zum Text, z. B.:
   - Was sind Viren?
   - Wo überlebt ein Virus im menschlichen Körper?
   - Wie vermehrt sich das Virus?
   - Wie werden Viren übertragen?
   - Wie kann ich die Übertragung verhindern / das Risiko mindern?
   - Wie wehrt sich das Immunsystem gegen Viren?
   - Was kann ich tun, um das Immunsystem zu stärken?

   Dann gibst du den Abschnitten Überschriften, hier: Den ersten Abschnitt könntest du überschreiben mit **„Was sind Erkältungsviren?“**. Dem zweiten Abschnitt könntest du folgende Überschrift geben: **„Wie wehrt sich der Körper gegen die Viren?“**.
3. Als dritten Schritt liest du den Text nun noch einmal gründlich und versuchst, Antworten auf die Fragen zu finden.

4. Diese schreibst du anschließend als vierten Schritt auf – etwa so:
   - Ein Virus ist ein Krankheitserreger, der uns Menschen zum Leben braucht.
   - Ein Virus überlebt in menschlichen Zellen.
   - Die Zelle vermehrt sich und das Virus lässt sich einfach mitvermehren.
   - Viren werden durch kleinste Tröpfchen übertragen. Die Tröpfchen werden durch Husten und Niesen verbreitet.
   - Um das Risiko einer Übertragung zu vermindern, sollte ich mehrmals am Tag Hände waschen.
   - Das Immunsystem entwickelt Antikörper, die die Viren beseitigen.
   - Das Immunsystem wird gestärkt, wenn ich mich gesund ernähre, viel an der frischen Luft bewege und mich oft entspanne.
5. Zuletzt gibst du dein neues Wissen in eigenen Worten wieder.

Aufgabe 16

Marie sollte ihre Hausaufgaben in vier Portionen einteilen. Die Aufgaben eines Faches entsprechen einer Portion.

Beispiel 1:
Marie beginnt mit Deutsch, weil ihr Deutsch besonders leichtfällt. Dann erledigt sie die Biologie-Hausaufgaben und anschließend Englisch. Deutsch und Englisch sollten, da es sich bei beiden Fächern um Sprachen handelt, durch Biologie unterbrochen werden. Zuletzt malt sie das Bild für Kunst.

Beispiel 2:
Sie fängt mit Biologie an, da sie Biologie besonders mag. Dann erledigt sie Englisch, malt anschließend das Bild und beendet ihre Hausaufgaben mit Deutsch.